Martin Patzek (Herausgeber)
Wer nur den lieben Gott läßt walten

Wer nur den lieben Gott läßt walten

Alte Gebete und Lieder

Herausgegeben von Martin Patzek

Mit 8 Zeichnungen von Albert Burkart

Verlag Butzon & Bercker Kevelaer

Mitglied der »verlagsgruppe engagement«

Umschlagabbildung: »Sturm auf dem Meer«
Hess. Landes- und Hochschulbibliothek Darmstadt
Hs 1640 (Hitda-Codex), fol. 117r.

Die Deutsche Bibliothek – CIP-Einheitsaufnahme

Wer nur den lieben Gott lässt walten: alte Gebete und Lieder / hrsg. von Martin Patzek. Mit 8 Zeichn. von Albert Burkart. – 4. Aufl. – Kevelaer : Butzon und Bercker, 1995
   ISBN 3-7666-9803-6
NE: Patzek, Martin [Hrsg.]; Burkart, Albert [Ill.]

ISBN 3-7666-9803-6

4. Auflage 1995

© 1992 Verlag Butzon & Bercker D-47623 Kevelaer.
Alle Rechte an dieser Sammlung vorbehalten.
Imprimatur. Essen, 31. August 1992,
W. Große, vic. ep.
Umschlaggestaltung: Meussen/Künert, Essen.

Inhalt

Zur Einführung	7
Im Namen des Vaters und des Sohnes und des Heiligen Geistes	9
Wer nur den lieben Gott läßt walten	17
Mein Gott, wie schön ist deine Welt	29
Unser tägliches Brot gib uns heute	39
Maria, breit den Mantel aus	45
Schon ist erwacht der Sonne Strahl	61
Bevor des Tages Licht vergeht	73
Wir sind nur Gast auf Erden	85
Verzeichnis der Grundgebete	95
Quellenverzeichnis	96

Zur Einführung

Aus biblischer und kirchlicher Tradition sind in diesem Buch Gebete und Lieder unserer Vorfahren gesammelt. So wurde zu Hause in der Familie gebetet und im Gottesdienst gesungen. Den Älteren als Erinnerung, den Jüngeren als Weitergabe dieses Glaubens antworten die Lieder und Gebete auf die Fragen nach dem Sinn von Leben, Liebe und Leid, nach dem Sinn von Krankheit, Alter und Tod: „Wer nur den lieben Gott läßt walten und hoffet auf ihn allezeit, den wird er wunderbar erhalten in aller Not und Traurigkeit. Wer Gott dem Allerhöchsten traut, der hat auf keinen Sand gebaut."

Martin Patzek

Im Namen des Vaters und des Sohnes und des Heiligen Geistes

Ehre sei dem Vater und dem Sohn
und dem Heiligen Geist,
wie im Anfang, so auch jetzt und alle Zeit
und in Ewigkeit. Amen.

Ich glaube an Gott,
den Vater, den Allmächtigen,
den Schöpfer des Himmels und der Erde,
und an Jesus Christus,
seinen eingeborenen Sohn, unsern Herrn,
empfangen durch den Heiligen Geist,
geboren von der Jungfrau Maria,
gelitten unter Pontius Pilatus,
gekreuzigt, gestorben und begraben,
hinabgestiegen in das Reich des Todes,
am dritten Tage auferstanden von den Toten,
aufgefahren in den Himmel;
er sitzt zur Rechten Gottes,
des allmächtigen Vaters;
von dort wird er kommen,
zu richten die Lebenden und die Toten.
Ich glaube an den Heiligen Geist,
die heilige katholische* Kirche,
Gemeinschaft der Heiligen,

* Fassung der reformatorischen Kirchen: christliche

Vergebung der Sünden
Auferstehung der Toten
und das ewige Leben. Amen.

Der Herr segne dich und behüte dich.
Der Herr lasse sein Angesicht
über dich leuchten
und sei dir gnädig.
Der Herr wende sein Angesicht dir zu
und schenke dir Heil.
Num 6,24–26

Die Völker sollen dir danken, o Gott,
danken sollen dir die Völker alle.
Die Nationen sollen sich freuen und jubeln.
Denn du richtest den Erdkreis gerecht.
Du richtest die Völker nach Recht
und regierst die Nationen auf Erden.
Die Völker sollen dir danken, o Gott,
danken sollen dir die Völker alle.
Das Land gab seinen Ertrag.
Es segne uns Gott, unser Gott.
Es segne uns Gott.
Alle Welt fürchte und ehre ihn.
Ps 67

Ich leg' in deine guten Vaterhände,
was du an Sorgen schickst,
an Freuden schenkst.

Ich weihe dir die Meinen, die ich liebe,
damit du gnädig ihre Wege lenkst.

Ich weihe dir die Menschen, die ich führe,
führ du sie einmal in den Himmel ein.

Ich weihe dir die Arbeit, die ich schaffe,
laß meine schwache Hand gesegnet sein.

Ich weihe dir die Freude des Erfolges,
in dem ich dankbar deinen Ansporn seh'.

Ich weihe dir den Ansturm der Versuchung,
gib du mir Kraft, daß ich ihr widersteh'.

Ich weihe dir mein Herz
und was es einschließt;
ich weihe dir mein Wollen: gut zu sein.

Komm, mächt'ger Vater,
gib mir deinen Segen,
bleib bei mir, hilf mir, laß mich nicht allein.

Amen.

Atme in mir, du Heiliger Geist,
daß ich Heiliges denke.
Treibe mich, du Heiliger Geist,
daß ich Heiliges tue.
Locke mich, du Heiliger Geist,
daß ich Heiliges liebe.
Stärke mich, du Heiliger Geist,
daß ich das Heilige hüte.
Hüte mich, du Heiliger Geist,
daß ich es nimmer verliere.

Augustinus (354–430) zugeschrieben

Komm, Schöpfer Geist, kehr bei uns ein,
besuch das Herz der Kinder dein:
die deine Macht erschaffen hat,
erfülle nun mit deiner Gnad.

Der du der Tröster wirst genannt,
vom höchsten Gott ein Gnadenpfand,
du Lebensbrunn, Licht, Lieb und Glut,
der Seele Salbung, höchstes Gut.

Zünd an in uns des Lichtes Schein,
gieß Liebe in die Herzen ein,
stärk unsres Leibs Gebrechlichkeit
mit deiner Kraft zu jeder Zeit.

Heinrich Bone (1813–1893)

Nun danket alle Gott
mit Herzen, Mund und Händen,
der große Dinge tut
an uns und allen Enden,
der uns von Mutterleib
und Kindesbeinen an
unzählig viel zugut
bis hieher hat getan.

Der ewigreiche Gott
woll uns in unserm Leben
ein immer fröhlich Herz
und edlen Frieden geben
und uns in seiner Gnad
erhalten fort und fort
und uns aus aller Not
erlösen hier und dort.

Lob, Ehr und Preis sei Gott
dem Vater und dem Sohne
und Gott dem Heilgen Geist
im höchsten Himmelsthrone,
ihm, dem dreieinen Gott,
wie es im Anfang war
und ist und bleiben wird
so jetzt und immerdar.

Martin Rinckart (1586–1649)

Lobe den Herren,
den mächtigen König der Ehren;
lob ihn, o Seele,
vereint mit den himmlischen Chören.
Kommet zuhauf,
Psalter und Harfe, wacht auf,
lasset den Lobgesang hören.

Lobe den Herren,
der alles so herrlich regieret,
der dich auf Adelers
Fittichen sicher geführet,
der dich erhält,
wie es dir selber gefällt.
Hast du nicht dieses verspüret?

Lobe den Herren,
der künstlich und fein dich bereitet,
der dir Gesundheit verliehen,
dich freundlich geleitet.
In wieviel Not
hat nicht der gnädige Gott
über dir Flügel gebreitet!

Joachim Neander (1650–1680)

Großer Gott, wir loben dich;
Herr, wir preisen deine Stärke.
Vor dir neigt die Erde sich
und bewundert deine Werke.
Wie du warst vor aller Zeit,
so bleibst du in Ewigkeit.

Alles, was dich preisen kann,
Kerubim und Serafinen
stimmen dir ein Loblied an;
alle Engel, die dir dienen,
rufen dir stets ohne Ruh
„Heilig, heilig, heilig" zu.

Heilig, Herr Gott Zebaot!
Heilig, Herr der Himmelsheere!
Starker Helfer in der Not!
Himmel, Erde, Luft und Meere
sind erfüllt von deinem Ruhm;
alles ist dein Eigentum.

Der Apostel heilger Chor,
der Propheten hehre Menge
schickt zu deinem Thron empor
neue Lob- und Dankgesänge;
der Blutzeugen lichte Schar
lobt und preist dich immerdar.

Ignaz Franz (1719–1790)

Wer nur den lieben Gott läßt walten

Wer nur den lieben Gott läßt walten
und hoffet auf ihn allezeit,
den wird er wunderbar erhalten
in aller Not und Traurigkeit.
Wer Gott dem Allerhöchsten traut,
der hat auf keinen Sand gebaut.

Was helfen uns die schweren Sorgen,
was hilft uns unser Weh und Ach?
Was hilft es, daß wir alle Morgen
beseufzen unser Ungemach?
Wir machen unser Kreuz und Leid
nur größer durch die Traurigkeit.

Sing, bet und geh auf Gottes Wegen,
verricht das Deine nur getreu
und trau des Himmels reichem Segen,
so wird er bei dir werden neu.
Denn welcher seine Zuversicht
auf Gott setzt, den verläßt er nicht.

Georg Neumark (1621–1681)

Ich hebe meine Augen auf zu den Bergen:
Woher kommt mir Hilfe?
Meine Hilfe kommt vom Herrn,
der Himmel und Erde gemacht hat.
Er läßt deinen Fuß nicht wanken;
er, der dich behütet, schläft nicht.
Nein, der Hüter Israels
schläft und schlummert nicht.
Der Herr ist dein Hüter,
der Herr gibt dir Schatten;
er steht dir zur Seite.
Bei Tag wird dir die Sonne nicht schaden
noch der Mond in der Nacht.
Der Herr behüte dich vor allem Bösen,
er behüte dein Leben.

Ps 121

Nichts soll dich ängstigen,
nichts dich erschrecken.
Alles vergeht. Gott allein bleibt derselbe.
Geduld erreicht alles.
Wer Gott besitzt, dem kann nichts fehlen.
Gott allein genügt.

Teresa von Avila (1515–1582)

Aus der Tiefe rufe ich, Herr, zu dir:
Herr, höre meine Stimme!
Wende dein Ohr mir zu,
achte auf mein lautes Flehen!
Würdest du, Herr, unsere Sünden beachten,
Herr, wer könnte bestehen?
Doch bei dir ist Vergebung,
damit man in Ehrfurcht dir dient.
Ich hoffe auf den Herrn,
es hofft meine Seele,
ich warte voll Vertrauen auf sein Wort.
Meine Seele wartet auf den Herrn
mehr als die Wächter auf den Morgen.
Mehr als die Wächter auf den Morgen
soll Israel harren auf den Herrn.
Denn beim Herrn ist die Huld,
bei ihm ist Erlösung in Fülle.
Ja, er wird Israel erlösen
von all seinen Sünden.

Ps 130

Herr, mach mich zu einem Werkzeug
deines Friedens,
daß ich liebe, wo man haßt;
daß ich verzeihe, wo man beleidigt;
daß ich verbinde, wo Streit ist;
daß ich die Wahrheit sage, wo Irrtum ist;
daß ich Glauben bringe, wo Zweifel droht;
daß ich Hoffnung wecke,
wo Verzweiflung quält;
daß ich Licht entzünde,
wo Finsternis regiert;
daß ich Freude bringe,
wo der Kummer wohnt.
Herr, laß mich trachten,
nicht, daß ich getröstet werde,
sondern daß ich tröste;
nicht, daß ich verstanden werde,
sondern daß ich verstehe;
nicht, daß ich geliebt werde,
sondern daß ich liebe.
Denn wer sich hingibt, der empfängt;
wer sich selbst vergißt, der findet;
wer verzeiht, dem wird verziehen;
und wer stirbt, der erwacht zum ewigen Leben.
Franziskus (1181–1226) zugeschrieben

Gott schenke mir die Gelassenheit,
Dinge hinzunehmen,
die ich nicht ändern kann,
den Mut, Dinge zu ändern,
die in meiner Macht stehen,
und die Klugheit,
beides voneinander zu unterscheiden.
Friedrich Christian Oetinger (1702–1782)

O Jesus, verzeihe uns unsere Sünden,
bewahre uns vor dem Feuer der Hölle,
nimm alle Seelen in den Himmel auf,
besonders jene,
die deiner Barmherzigkeit
am meisten bedürfen.

Du, mein Schutzgeist, Gottes Engel,
weiche, weiche nicht von mir!
Führe mich durchs Tal der Mängel
bis hinauf, hinauf zu dir!
Laß mich hier auf dieser Erde
deiner Führung würdig sein.
Daß ich stündlich besser werde!
Nie darf mich ein Tag gereun ...
Gottlob Wilhelm Burmann (1783)

Ich weiß, daß du mein Vater bist,
in dessen Arm ich wohlgeborgen.
Ich will nicht fragen, wie du führst,
ich will dir folgen ohne Sorgen.

Und gäbest du in meine Hand
mein Leben, daß ich selbst es wende,
ich legt mit kindlichem Vertraun
es nur zurück in deine Hände.
Amen.

Menschenfreundlicher Herr,
laß in unsere Herzen
das unvergängliche Licht
deiner göttlichen Erkenntnis scheinen
und öffne unseren Verstand,
deine Botschaft zu vernehmen.
Denn du bist die Erleuchtung unserer Seele
und machst hell unseren Leib,
Christus, unser Gott!
Dich lobpreisen wir
mit deinem ewigen Vater
und deinem heiligen, gütigen,
lebenspendenden Geist
jetzt und allezeit und in Ewigkeit.
Gebet der Ostkirche

Von guten Mächten treu und still umgeben
behütet und getröstet wunderbar, –
so will ich diese Tage mit euch leben
und mit euch gehen in ein neues Jahr;

noch will das alte unsre Herzen quälen
noch drückt uns böser Tage schwere Last,
Ach Herr, gib unsern aufgeschreckten Seelen
das Heil, für das Du uns geschaffen hast.

Und reichst Du uns den schweren Kelch,
   den bittern,
des Leids, gefüllt bis an den höchsten Rand,
so nehmen wir ihn dankbar ohne Zittern
aus Deiner guten und geliebten Hand.

Wenn sich die Stille nun tief um uns breitet,
so laß uns hören jenen vollen Klang
der Welt, die unsichtbar sich um uns weitet,
all Deiner Kinder hohen Lobgesang.

Von guten Mächten wunderbar geborgen
erwarten wir getrost, was kommen mag.
Gott ist bei uns am Abend und am Morgen,
und ganz gewiß an jedem neuen Tag.

Dietrich Bonhoeffer (1906–1945)

Jesu, meine Freude, meines Herzens Weide,
Jesu, meine Zier,
ach wie lang, ach lange ist dem Herzen bange
und verlangt nach dir!
Gottes Lamm, mein Bräutigam,
außer dir soll mir auf Erden
nichts sonst Liebers werden.

Unter deinem Schirmen
bin ich vor den Stürmen
aller Feinde frei.
Laß den Satan wettern,
laß die Welt erzittern,
mir steht Jesus bei.
Ob es jetzt gleich kracht und blitzt,
ob gleich Sünd und Hölle schrecken,
Jesus will mich decken.

Trotz dem alten Drachen,
Trotz dem Todesrachen,
Trotz der Furcht dazu!
Tobe, Welt, und springe;
ich steh hier und singe
in gar sichrer Ruh.
Gottes Macht hält mich in acht,
Erd und Abgrund muß verstummen,
ob sie noch so brummen.

Johann Franck (1618–1677)

Ein feste Burg ist unser Gott,
ein gute Wehr und Waffen.
Er hilft uns frei aus aller Not,
die uns jetzt hat betroffen.
Der alt böse Feind
mit Ernst ers jetzt meint;
groß Macht und viel List
sein grausam Rüstung ist,
auf Erd ist nicht seinsgleichen.

Mit unsrer Macht ist nichts getan,
wir sind gar bald verloren;
es streit' für uns der rechte Mann,
den Gott hat selbst erkoren.
Fragst du, wer der ist?
Er heißt Jesus Christ,
der Herr Zebaoth,
und ist kein andrer Gott,
das Feld muß er behalten.

Und wenn die Welt voll Teufel wär
und wollt uns gar verschlingen,
so fürchten wir uns nicht so sehr,
es soll uns doch gelingen.
Der Fürst dieser Welt,
wie saur er sich stellt,
tut er uns doch nicht;

das macht, er ist gericht'.
Ein Wörtlein kann ihn fällen.

Das Wort sie sollen lassen stahn
und kein' Dank dazu haben;
er ist bei uns wohl auf dem Plan
mit seinem Geist und Gaben.
Nehmen sie den Leib,
Gut, Ehr, Kind und Weib:
laß fahren dahin,
sie habens kein' Gewinn,
das Reich muß uns doch bleiben.

Martin Luther (1483–1546)

Was Gott tut, das ist wohlgetan,
es bleibt gerecht sein Wille;
wie er fängt seine Sachen an,
will ich ihm halten stille.
Er ist mein Gott, der in der Not
mich wohl weiß zu erhalten;
drum laß ich ihn nur walten.

Was Gott tut, das ist wohlgetan;
er wird mich nicht betrügen.
Er führet mich auf rechter Bahn,
so laß ich mir genügen
an seiner Huld und hab Geduld;
er wird mein Unglück wenden,
es steht in seinen Händen.

Was Gott tut, das ist wohlgetan;
er ist mein Licht und Leben,
der mir nichts Böses gönnen kann
ich will mich ihm ergeben
in Freud und Leid. Es kommt die Zeit,
da öffentlich erscheinet,
wie treulich er es meinet.

Samuel Rodigast (1649–1700)

Mein Gott, wie schön ist deine Welt

Mein Gott, wie schön ist deine Welt:
der Wald ist grün, die Wiesen blühn,
die großen Ströme ziehn dahin,
vom Sonnenglanz erhellt;
die Wolken und die Winde fliehn,
das Leben rauscht und braust dahin.
Mein Gott, wie schön ist deine Welt,
wie schön ist deine Welt!

Mein Gott, wie schön ist deine Welt:
die Vögel jauchzen hoch hinauf,
und niemand hemmt der Tiere Lauf
da draußen auf dem Feld.
Die Sonne bringt den Tag herauf,
die Nacht erhellt der Sterne Lauf.
Mein Gott, wie schön ist deine Welt,
wie schön ist deine Welt!

Mein Gott, wie schön ist deine Welt:
der liebe Mensch mit Blut und Geist,
der seinen Schöpfer lobt und preist,
weil es ihm wohlgefällt.
Wie leuchtet alles weit und breit
und kündet deine Herrlichkeit!
Mein Gott, wie schön ist deine Welt,
wie schön ist deine Welt!

Mein Gott, wie schön ist deine Welt:
drum laß uns allzeit fröhlich sein,
und brechen die Gewitter ein,
dann sei uns zugesellt;
dann lösch dein gutes Licht nicht aus
und bleibe wie ein Gast im Haus,
mein Gott, in deiner schönen Welt,
in deiner schönen Welt!

Georg Thurmair (1936)

Herr, deine Güte reicht,
so weit der Himmel ist,
deine Treue, so weit die Wolken ziehn.
Herr, du hilfst Menschen und Tieren.
Gott, wie köstlich ist deine Huld!
Die Menschen bergen sich
im Schatten deiner Flügel,
sie laben sich am Reichtum deines Hauses;
du tränkst sie mit dem Strom deiner Wonnen.
Denn bei dir ist die Quelle des Lebens,
in deinem Licht schauen wir das Licht.

Ps 36,6–10

Ehre sei Gott in der Höhe
und Friede auf Erden
den Menschen seiner Gnade.
Wir loben dich,
wir preisen dich,
wir beten dich an,
wir rühmen dich und danken dir,
denn groß ist deine Herrlichkeit:
Herr und Gott, König des Himmels,
Gott und Vater, Herrscher über das All,
Herr, eingeborener Sohn, Jesus Christus.
Herr und Gott, Lamm Gottes,
Sohn des Vaters,
du nimmst hinweg die Sünde der Welt:
erbarme dich unser;
du nimmst hinweg die Sünde der Welt:
nimm an unser Gebet;
du sitzest zur Rechten des Vaters:
erbarme dich unser.
Denn du allein bist der Heilige,
du allein der Herr,
du allein der Höchste:
Jesus Christus,
mit dem Heiligen Geist,
zur Ehre Gottes des Vaters.
Amen.

Gepriesen sei der Herr, der Gott Israels!
Denn er hat sein Volk besucht
und ihm Erlösung geschaffen;
er hat uns einen starken Retter erweckt,
im Hause seines Knechtes David.
So hat er verheißen von alters her
durch den Mund
seiner heiligen Propheten.
Er hat uns errettet vor unseren Feinden
und aus der Hand aller, die uns hassen;
er hat das Erbarmen mit den Vätern
an uns vollendet
und an seinen heiligen Bund gedacht,
an den Eid,
den er unserem Vater Abraham
geschworen hat;
er hat uns geschenkt,
daß wir, aus Feindeshand befreit,
ihm furchtlos dienen
in Heiligkeit und Gerechtigkeit
vor seinem Angesicht all unsre Tage.
Und du, Kind, wirst Prophet
des Höchsten heißen;
denn du wirst dem Herrn vorangehen
und ihm den Weg bereiten.
Du wirst sein Volk
mit der Erfahrung des Heils beschenken

in der Vergebung der Sünden.
Durch die barmherzige Liebe unseres Gottes
wird uns besuchen
das aufstrahlende Licht aus der Höhe,
um allen zu leuchten, die in Finsternis sitzen
und im Schatten des Todes,
und unsre Schritte zu lenken
auf den Weg des Friedens.

Lk 1,68–79

Heilig, heilig, heilig
Gott, Herr aller Mächte und Gewalten.
Erfüllt sind Himmel und Erde
von deiner Herrlichkeit.
Hosanna in der Höhe.
Hochgelobt sei,
der da kommt im Namen des Herrn.
Hosanna in der Höhe.

Geh aus, mein Herz, und suche Freud
in dieser lieben Sommerzeit
an deines Gottes Gaben;
schau an der schönen Gärten Zier
und siehe, wie sie mir und dir
sich ausgeschmücket haben!

Die Bäume stehen voller Laub,
das Erdreich decket seinen Staub
mit einem grünen Kleide;
Narzissus und die Tulipan,
die ziehen sich viel schöner an
als Salomonis Seide.

Die Lerche schwingt sich in die Luft,
das Täublein fliegt aus seiner Kluft
und macht sich in die Wälder;
die hochbegabte Nachtigall
ergötzt und füllt mit ihrem Schall
Berg, Hügel, Tal und Felder.

Die unverdroßne Bienenschar
fliegt hin und her, sucht hie und da
ihr' edle Honigspeise;
des süßen Weinstocks starker Saft
bringt täglich neue Stärk und Kraft
in seinem schwachen Reise.

Paul Gerhardt (1607–1676)

Die Himmel rühmen des Ewigen Ehre,
ihr Schall pflanzt seinen Namen fort.
Ihn rühmt der Erdkreis,
ihn preisen die Meere:
vernimm, o Mensch, ihr göttlich Wort!
Wer trägt der Himmel unzählbare Sterne,
wer führt die Sonne aus ihrem Zelt?
Sie kommt, und leuchtet
und lacht uns von ferne
und läuft den Weg gleich als ein Held.

Vernimm's und siehe die Wunder der Werke,
die Gott so herrlich aufgestellt!
Verkündigt Weisheit und Ordnung und Stärke
dir nicht den Herrn, den Herrn der Welt?
Er ist dein Schöpfer, ist Weisheit und Güte,
ein Gott der Ordnung und dein Heil;
er ist's, ihn liebe von ganzem Gemüte
und nimm an seiner Gnade teil.

Christian Fürchtegott Gellert (1715–1769)

Himmelsau, licht und blau,
wieviel zählst du Sternlein?
Ohne Zahl!
Sovielmal
sei gelobet Gott der Herr!

Gottes Welt, wohlbestellt,
wieviel zählst du Stäublein?
Ohne Zahl!
Sovielmal
sei gelobet Gott der Herr!

Sommerfeld, uns auch meld,
wieviel zählst du Gräslein?
Ohne Zahl!
Sovielmal
sei gelobet Gott der Herr!

Dunkler Wald, wohlgestalt,
wieviel zählst du Zweiglein?
Ohne Zahl!
Sovielmal
sei gelobet Gott der Herr!

Tiefes Meer, weit umher,
wieviel zählst du Tröpflein?
Ohne Zahl!
Sovielmal
sei gelobet Gott der Herr!

(1767)

Erde, singe, daß es klinge,
laut und stark dein Jubellied!
Himmel alle, singt zum Schalle
dieses Liedes jauchzend mit!
Singt ein Loblied eurem Meister!
Preist ihn laut, ihr Himmelsgeister!
Was er schuf, was er gebaut,
preis' ihn laut!

Kreaturen auf den Fluren,
huldigt ihm mit Jubelruf!
Ihr im Meere, preist die Ehre
dessen, der aus nichts euch schuf!
Was auf Erden ist und lebet,
was in hohen Lüften schwebet,
lob' ihn! Er haucht ja allein
Leben ein.

Jauchzt und singet, daß es klinget,
laut ein allgemeines Lied!
Wesen alle, singt zum Schalle
dieses Liedes jubelnd mit!
Singt ein Danklied eurem Meister,
preist ihn laut, ihr Himmelsgeister!
Was er schuf, was er gebaut,
preis' ihn laut!

Nach Johann Kardinal von Geissel (1796–1864)

Unser tägliches Brot
gib uns heute

Vater unser im Himmel,
Geheiligt werde dein Name.
Dein Reich komme.
Dein Wille geschehe,
wie im Himmel so auf Erden.
Unser tägliches Brot gib uns heute.
Und vergib uns unsere Schuld,
wie auch wir vergeben unsern Schuldigern.
Und führe uns nicht in Versuchung,
sondern erlöse uns von dem Bösen.
Denn dein ist das Reich und die Kraft
und die Herrlichkeit in Ewigkeit.
Amen.

Aller Augen warten auf dich,
und du gibst ihnen Speise zur rechten Zeit.
Du öffnest deine Hand
und sättigst alles, was lebt,
nach deinem Gefallen.

Ps 145,15–16

Der Herr ist mein Hirte,
nichts wird mir fehlen.
Er läßt mich lagern auf grünen Auen
und führt mich zum Ruheplatz am Wasser.
Er stillt mein Verlangen;
er leitet mich auf rechten Pfaden,
treu seinem Namen.
Muß ich auch wandern in finsterer Schlucht,
ich fürchte kein Unheil;
denn du bist bei mir,
dein Stock und dein Stab
geben mir Zuversicht.
Du deckst mir den Tisch
vor den Augen meiner Feinde.
Du salbst mein Haupt mit Öl,
du füllst mir reichlich den Becher.
Lauter Güte und Huld werden mir folgen
mein Leben lang,
und im Haus des Herrn darf ich wohnen
für lange Zeit.

Ps 23

Lieber Herr, dir, nicht mir,
esse ich, schlafe ich, spreche ich,
lebe, leide und lasse ich alle Dinge.

Heinrich Seuse (um 1295–1366)

Schenke mir Gesundheit des Leibes,
mit dem nötigen Sinn dafür,
ihn möglichst gut zu erhalten.

Schenke mir eine heilige Seele, Herr,
die im Auge behält, was gut und rein ist,
damit sie sich nicht
einschüchtern läßt vom Bösen,
sondern Mittel findet,
die Dinge in Ordnung zu bringen.
Schenke mir eine Seele,
der die Langeweile fremd ist,
die kein Murren kennt
und kein Seufzen und Klagen,
und lasse nicht zu,
daß ich mir allzuviel Sorgen mache
um dieses sich breitmachende Etwas,
das sich „Ich" nennt.

Herr, schenke mir Sinn für Humor.
Gib mir die Gnade,
einen Scherz zu verstehen,
damit ich ein wenig Glück kenne im Leben
und anderen davon mitteile.

Thomas Morus (1478–1535)

Der alle Welt ernährt und tränkt,
der will auch uns erfreu'n.
Laß, Herr, was du uns hast geschenkt,
an Leib und Seel' gedeihn.
Du gibst, o Gott, daß wir gesund
die Speisen heut genießen.
Dich preisen aller Herz und Mund,
von dem die Gaben fließen.

Gepriesen sei des Höchsten Huld
für das, was er gegeben.
Er gibt uns Brot, vergibt die Schuld,
laßt uns ihm dankbar leben.
Wie viele hungern in der Not
mit trauerndem Gemüte;
uns gibst du unser täglich Brot.
Herr, dank sei deiner Güte.

Komm, Herr Jesus, sei unser Gast
und segne, was du uns bescheret hast. Amen.

Wir danken dir, Herr Jesu Christ,
daß du unser Gast gewesen bist.
Errette uns aus aller Not;
du bist das wahre Lebensbrot. Amen.

O Gott, von dem wir alles haben,
wir preisen dich für deine Gaben.
Du speisest uns, weil du uns liebst;
o segne auch, was du uns gibst. Amen.

Dir sei, o Gott, für Speis' und Trank,
für alles Gute Lob und Dank!
Du gabst, du willst auch immer geben;
dich preise unser ganzes Leben. Amen.

Maria,
breit den Mantel aus

Maria, breit den Mantel aus,
mach Schirm und Schild für uns daraus;
laß uns darunter sicher stehn,
bis alle Stürm vorübergehn.
Patronin voller Güte,
uns allezeit behüte.

Dein Mantel ist sehr weit und breit,
er deckt die ganze Christenheit,
er deckt die weite, weite Welt,
ist aller Zuflucht und Gezelt.
Patronin voller Güte,
uns allezeit behüte.

Maria, hilf der Christenheit,
dein Hilf erzeig uns allezeit;
komm uns zu Hilf in allem Streit,
verjag die Feind all von uns weit.
Patronin voller Güte,
uns allezeit behüte.

O Mutter der Barmherzigkeit,
den Mantel über uns ausbreit;
uns all darunter wohl bewahr
zu jeder Zeit in aller Gfahr.
Patronin voller Güte,
uns allezeit behüte.

(Innsbruck 1640)

Meine Seele preist die Größe des Herrn,
und mein Geist jubelt über Gott,
meinen Retter.
Denn auf die Niedrigkeit seiner Magd
hat er geschaut.
Siehe, von nun an preisen mich selig
alle Geschlechter.
Denn der Mächtige hat Großes an mir getan,
und sein Name ist heilig.
Er erbarmt sich
von Geschlecht zu Geschlecht
über alle, die ihn fürchten.
Er vollbringt mit seinem Arm
machtvolle Taten:
Er zerstreut,
die im Herzen voll Hochmut sind;
er stürzt die Mächtigen vom Thron
und erhöht die Niedrigen.
Die Hungernden beschenkt er
mit seinen Gaben
und läßt die Reichen leer ausgehen.
Er nimmt sich seines Knechtes Israel an
und denkt an sein Erbarmen,
das er unseren Vätern verheißen hat,
Abraham und seinen Nachkommen auf ewig.

Lk 1,46–55

Gegrüßet seist du, Maria,
voll der Gnade,
der Herr ist mit dir,
Du bist gebenedeit unter den Frauen,
und gebenedeit ist die Frucht
deines Leibes, Jesus.
Heilige Maria, Mutter Gottes,
bitte für uns Sünder
jetzt und in der Stunde unseres Todes.
Amen.

Alle Tage sing und sage
Lob der Himmelskönigin;
ihre Gnaden, ihre Taten
ehr, o Christ, mit Herz und Sinn.

Auserlesen ist ihr Wesen,
Mutter sie und Jungfrau war.
Preis sie selig, überselig;
groß ist sie und wunderbar.

Gotterkoren hat geboren
sie den Heiland aller Welt,
der gegeben Licht und Leben
und den Himmel offen hält.

Nach Heinrich Bone (1813–1893)

Der Engel des Herrn
brachte Maria die Botschaft,
und sie empfing vom Heiligen Geist.
Gegrüßet seist du, Maria ...
Maria sprach:
Siehe, ich bin die Magd des Herrn;
mir geschehe nach deinem Wort.
Gegrüßet seist du, Maria ...
Und das Wort ist Fleisch geworden
und hat unter uns gewohnt.
Gegrüßet seist du, Maria ...

Bitte für uns, heilige Gottesmutter,
daß wir würdig werden
der Verheißung Christi.

Lasset uns beten. – Allmächtiger Gott, gieße deine Gnade in unsere Herzen ein. Durch die Botschaft des Engels haben wir die Menschwerdung Christi, deines Sohnes, erkannt. Laß uns durch sein Leiden und Kreuz zur Herrlichkeit der Auferstehung gelangen. Darum bitten wir durch Christus, unsern Herrn. Amen.

Freu dich, du Himmelskönigin,
alleluja.
Den du zu tragen würdig warst,
alleluja,
er ist auferstanden, wie er gesagt hat,
alleluja.
Bitt Gott für uns,
alleluja.
Freu dich und frohlocke, Jungfrau Maria,
alleluja;
denn der Herr ist wahrhaft auferstanden,
alleluja.

Lasset uns beten.
O Gott,
du hast durch die Auferstehung
deines Sohnes,
unseres Herrn Jesus Christus,
die Welt erfreuen wollen;
wir bitten dich,
laß uns durch seine Mutter,
die Jungfrau Maria,
die Freuden des ewigen Lebens erlangen,
durch Christus, unseren Herrn.
Amen.

Unter deinen Schutz und Schirm
fliehen wir, heilige Gottesmutter.
Verschmähe nicht unser Gebet
in unseren Nöten,
sondern errette uns jederzeit
aus allen Gefahren.
O du glorwürdige
und gebenedeite Jungfrau,
unsere Frau, unsere Mittlerin,
unsere Fürsprecherin.
Führe uns zu deinem Sohne,
empfiehl uns deinem Sohne,
stelle uns vor deinem Sohne.

Segne du, Maria,
segne mich, dein Kind,
daß ich hier den Frieden,
dort den Himmel find'!
Segne all mein Denken,
segne all mein Tun,
laß in deinem Segen
Tag und Nacht mich ruh'n!
Laß in deinem Segen
Tag und Nacht mich ruh'n!

Cordula Wohler (1870)

Sei gegrüßt, o Königin,
Mutter der Barmherzigkeit;
unser Leben, unsre Wonne
und unsre Hoffnung, sei gegrüßt!
Zu dir rufen wir verbannte Kinder Evas;
zu dir seufzen wir trauernd und weinend
in diesem Tal der Tränen.
Wohlan denn, unsere Fürsprecherin,
wende deine barmherzigen Augen uns zu,
und nach diesem Elend zeige uns Jesus,
die gebenedeite Frucht deines Leibes!
O gütige, o milde, o süße Jungfrau Maria.

Gedenke, o gütigste Jungfrau Maria, wie es noch nie erhört worden ist, daß jemand, der zu dir seine Zuflucht genommen hat und um deine Fürbitte gefleht, von dir sei verlassen worden. Von diesem Vertrauen beseelt, nehme ich meine Zuflucht zu dir, o Jungfrau der Jungfrauen und meine Mutter. Zu dir komme ich, vor dir stehe ich als sündiger Mensch. O Mutter des ewigen Wortes, verschmähe nicht meine Bitte, sondern höre mich gnädig an und erhöre mich. Amen.

Aus dem 15. Jh. z.T. von Bernhard von Clairvaux

Jungfrau, Mutter Gottes mein,
laß mich ganz dein eigen sein!
Dein im Leben, dein im Tod;
dein in Unglück, Angst und Not;

dein in Kreuz und bittrem Leid;
dein für Zeit und Ewigkeit.
Jungfrau, Mutter Gottes mein,
laß mich ganz dein eigen sein!

Mutter, auf dich hoff und baue ich.
Mutter, zu dir ruf und seufze ich.
Mutter, du Gütigste, steh mir bei!
Mutter, du Mächtigste, Schutz mir verleih!

O Mutter, so komm, hilf beten mir!
O Mutter, so komm, hilf streiten mir!
O Mutter, so komm, hilf leiden mir!
O Mutter, so komm, und bleib bei mir!

Du kannst mir ja helfen, o Mächtigste.
Du willst mir ja helfen, o Gütigste.
Du mußt mir auch helfen, o Treueste.
Du wirst mir auch helfen, Barmherzigste.

O Mutter der Gnade, der Christen Hort!
Du Zuflucht der Sünder, des Heiles Port!
Du Hoffnung der Erde, des Himmels Zier!
Du Trost der Betrübten, ihr Schutzpanier!

Wer hat je umsonst deine Hilf angefleht?
Wann hast du vergessen ein kindlich Gebet?
Drum ruf ich beharrlich in Kreuz und in Leid:
„Maria hilft immer! Sie hilft jederzeit!"

Ich ruf voll Vertrauen in Leiden und Tod:
„Maria hilft immer, in jeglicher Not!"
So glaub ich und lebe und sterbe darauf:
„Maria hilft mir in den Himmel hinauf!"
Amen.

Hilf, Maria, es ist Zeit,
hilf, Mutter der Barmherzigkeit!

Du bist mächtig, uns aus Nöten
und Gefahren zu erretten;
denn wo Menschenhilf gebricht,
mangelt doch die deine nicht.

Nein, du kannst das heiße Flehen
deiner Kinder nicht verschmähen.
Zeige, daß du Mutter bist,
wo die Not am größten ist.

Hilf, Maria, es ist Zeit,
hilf, Mutter der Barmherzigkeit!
Amen.

O Maria, voll der Gnaden,
sieh, mit welcher großen Qual
deine Kinder sind beladen
in des Fegfeurs Jammertal!
O du Mutter, mild und treu,
mach sie doch von Schmerzen frei.

Welchen Trost gibt den Elenden
deines Namens Süßigkeit,
wenn vertrauend sie sich wenden
zu dir in dem bittern Leid!
Laß vergebens sie nicht flehn,
laß sie nicht im Schmerz vergehn!

Mutter, Tröstrin der Betrübten,
sprich für sie ein tröstend Wort;
eil zu retten, die dich liebten,
aus der Qualen dunklem Ort!
Was die Mutter fromm begehrt,
gern wird es vom Sohn gewährt.

O Maria, wer kann sagen,
daß er je verlassen war,
wenn er dir nur wollte klagen
Seelen- oder Leibsgefahr?
O, so rett die Kinder dein,
Mutter, auch aus dieser Pein!

(Köln 1711)

Wunderschön prächtige, hohe und mächtige,
liebreich holdselige, himmlische Frau,
der ich mich ewiglich weihe herzinniglich,
Leib dir und Seele zu eigen vertrau.
Gut, Blut und Leben will ich dir geben.
Alles, was immer ich hab, was ich bin,
geb ich mit Freuden, Maria, dir hin.

Schuldlos Geborene, einzig Erkorene,
du Gottes Tochter und Mutter und Braut,
die aus der Reinen Schar reinste wie keine war,
selber der Herr sich zum Tempel gebaut.
Du makellose, himmlische Rose,
Krone der Erde, der Himmlischen Zier,
Himmel und Erde, sie huldigen dir.

Johannes von Geissel (1796–1864)/
Heinrich Bone (1813–1893)

Milde Königin, gedenke,
wie's auf Erden unerhört,
daß zu dir ein Pilger lenke,
der verlassen wiederkehrt.
Nein, o Mutter, weit und breit
schallt's durch deiner Kinder Mitte:
Daß Maria eine Bitte
nicht gewährt, ist unerhört,
unerhört in Ewigkeit.

Maria, Maienkönigin,
dich will der Mai begrüßen;
o segne ihn mit holdem Sinn
und uns zu deinen Füßen!
Maria, dir befehlen wir,
was grünt und blüht auf Erden.
O laß es eine Himmelszier
in Gottes Garten werden!

Behüte uns mit treuem Fleiß,
o Königin der Frauen,
die Herzensblüten lilienweiß
auf grünen Maiesauen!
Die Seelen kalt und glaubensarm,
die mit Verzweiflung ringen,
o mach sie hell und liebewarm,
damit sie freudig singen!

O laß sie gleich der Nachtigall
im Liede sich erschwingen
und mit der Freude hellstem Schall
dir Maienlieder singen,
zu dir sich wenden froh empor,
wie Blumen zu der Sonne,
und preisen mit dem Engelchor
dich einst in ewger Wonne.

Guido Görres (1805–1852)

Christi Mutter stand mit Schmerzen
bei dem Kreuz und weint' von Herzen,
als ihr lieber Sohn da hing.
Durch die Seele voller Trauer,
schneidend unter Todesschauer
jetzt das Schwert des Leidens ging.

Welch ein Schmerz der Auserkornen,
da sie sah den Eingebornen,
wie er mit dem Tode rang.
Angst und Jammer, Qual und Bangen,
alles Leid hielt sie umfangen,
das nur je ein Herz durchdrang.

Ach, für seiner Brüder Schulden
sah sie ihn die Marter dulden,
Geißeln, Dornen, Spott und Hohn,
sah ihn trostlos und verlassen
an dem blutgen Kreuz erblassen,
ihren lieben einzgen Sohn.

Christus, laß bei meinem Sterben
mich mit deiner Mutter erben
Sieg und Preis nach letztem Streit.
Wenn der Leib dann sinkt zur Erde,
gib mir, daß ich teilhaft werde
deiner selgen Herrlichkeit.

Jacopone da Todi (um 1230–1306)

Maria, wir dich grüßen,
o Maria, hilf!
Wir fallen dir zu Füßen.
O Maria, hilf!
O Maria, hilf uns all
hier in diesem Erdental.

Voll Zuversicht wir bitten:
o Maria, hilf! –
durch das, was du gelitten.
O Maria, hilf!
O Maria, hilf uns all
hier in diesem Erdental.

Durch Jesu Kreuz und Sterben,
o Maria, hilf! –
hilf uns die Kron erwerben!
O Maria, hilf!
O Maria, hilf uns all
hier in diesem Erdental.

Hilf uns Verzeihung finden,
o Maria, hilf! –
und Gnade für die Sünden!
O Maria, hilf!
O Maria, hilf uns all
hier in diesem Erdental.

Heinrich Bone (1813–1893)

Nun, Brüder, sind wir frohgemut,
so will es Gott gefallen!
Die Seelen singen uns im Blut;
nun soll ein Lob erschallen!
Wir grüßen dich in deinem Haus,
du Mutter aller Gnaden.
Nun breite deine Hände aus,
dann wird kein Feind uns schaden!

Es lobt das Licht und das Gestein
gar herrlich dich mit Schweigen.
Der Sonne Glanz, des Mondes Schein
will deine Wunder zeigen.
Wir aber kommen aus der Zeit
ganz arm in deine Helle
und tragen Sünde, tragen Leid
zu deiner Gnadenquelle.

Wir zünden froh die Kerzen an,
daß sie sich still verbrennen,
und lösen diesen dunklen Bann,
daß wir dein Bild erkennen.
Du Mutter und du Königin,
der alles hingegeben,
das Ende und der Anbeginn,
die Liebe und das Leben!

Georg Thurmair (1935)

Schon ist erwacht der Sonne Strahl

Schon ist erwacht der Sonne Strahl,
drum flehn zu dir wir allzumal,
daß du in allem Tun uns heut
bewahrest frei vor Sünd und Leid.

Der Zunge lege Zügel an,
daß nimmer Streit anheben kann,
und unsre Augen decke du
vor allem eitlen Trugbild zu!

Des Herzens Innerstes soll rein
und frei von aller Torheit sein.
In Speis und Trank durch rechtes Maß
der Sinne Lust uns zügeln laß.

Daß, wenn der Tag sich wieder neigt,
die Nacht zur Erde niedersteigt,
wir durch Entsagung froh und rein,
dir, unserm Gott, das Danklied weihn.

Lob sei dem Vater auf dem Thron
und seinem eingebornen Sohn,
dem Heil'gen Geist auch allezeit
von nun an bis in Ewigkeit!

Hymnus der Kirche

Herr, unser Gott,
laß uns nicht im Finstern sein,
daß dein Tag
uns nicht wie ein Dieb überfällt.
Laß uns Kinder des Lichtes sein,
Kinder des Tages;
nicht der Nacht laß uns zugehören
und nicht dem Dunkel.
Steh uns bei,
daß wir die Zeit nicht verschlafen,
sondern wachsam und nüchtern sind.

Beim aufgehenden Morgenlicht
preisen wir dich, o Herr;
denn du bist der Erlöser
der ganzen Schöpfung.
Schenk uns in deiner Barmherzigkeit
einen Tag, erfüllt mit deinem Frieden.
Vergib uns unsere Schuld.

Laß unsere Hoffnung nicht scheitern.
Verbirg dich nicht vor uns.
In deiner sorgenden Liebe
trägst du uns;
laß nicht ab von uns;
du allein kennst unsere Schwäche.
O Gott, verlaß uns nicht.

Ostsyrische Kirche

Herr, hab mit uns Erbarmen;
denn wir hoffen auf dich.
Sei uns ein helfender Arm an jedem Morgen,
sei in der Not unsere Rettung!

Jes 33,2

Herr,
früh am Morgen tritt mein Gebet vor dich hin.
Warum, o Herr, verwirfst du mich,
warum verbirgst du dein Gesicht vor mir?

Ps 88,14.15

Die Huld des Herrn ist nicht erschöpft,
sein Erbarmen ist nicht zu Ende.
Neu ist es an jedem Morgen;
groß ist deine Treue.
Mein Anteil ist der Herr, sagt meine Seele,
darum harre ich auf ihn.
Gut ist der Herr zu dem, der auf ihn hofft,
zur Seele, die ihn sucht.

Klgl 3,22–25

Schöpfer des Alls,
den keines Menschen Wort erfassen kann.
Du Quell des Lichtes und der Weisheit.
In deiner Liebe
laß einströmen einen Strahl deiner Helle
in das Dunkel meines Geistes.
Gib mir Scharfsinn zum Begreifen,
volle Kraft zum Aufnehmen und Behalten,
die Fähigkeit,
das Erkannte gut faßlich darzustellen,
eine klare und anschauliche Sprache.
Lehre den Anfang,
lenke den Fortgang,
hilf zur Vollendung.

Thomas von Aquin (um 1225–1274)

Ich brauche dich, Herr,
als meinen Lehrer,
tagtäglich brauche ich dich.
Gib mir die Klarheit des Gewissens,
die allein deinen Geist erspüren kann.
Meine Ohren sind taub,
ich kann deine Stimme nicht hören.
Mein Blick ist getrübt,
ich kann deine Zeichen nicht sehen.
Du allein kannst mein Ohr schärfen

und meinen Blick klären
und mein Herz reinigen.
Lehre mich zu deinen Füßen sitzen
und auf dein Wort hören.
John Henry Newman (1801–1890)

Meine Zeit steht in deinen Händen!
Diese Zeile habe ich jetzt
in dieser Krankheit gelernt
und will sie korrigieren,
denn ich bezog sie früher nur
auf die Todesstunde.
Sie soll aber heißen:
In deinen Händen sind meine Zeiten,
mein ganzes Leben,
alle Tage, Stunden und Augenblicke.
Martin Luther (1483–1546)

Ich bitte dich, Herr, um die große Kraft,
diesen kleinen Tag zu bestehen,
um auf dem großen Weg zu dir
einen kleinen Schritt weiterzugehen.
Ernst Ginsberg (1904–1964)

Gott der Geister und allen Fleisches,
Unvergleichlicher und Bedürfnisloser:
Sieh mit Wohlgefallen auf uns herab
und nimm unseren Morgendank an!
Erbarme dich unser,
denn nicht zu einem fremden Gott
haben wir unsere Hände ausgestreckt.
Du bist uns kein neuer Gott,
sondern du, der Ewige und Unsterbliche,
hast uns durch Christus das Sein gegeben
und das Gutsein geschenkt.
Schenke uns durch ihn das ewige Leben!
Durch ihn sei dir und dem Heiligen Geiste
Ehre und Ruhm und Anbetung in Ewigkeit.

Griechische Liturgie

Meine Seele preise den Herrn.
Herr, sei gelobt! Herr, mein Gott,
wie unermeßlich groß bist du.
Gepriesen seist du, Herr.
Mit Glanz und Pracht bist du angetan.
Herr, wie wunderbar sind deine Werke.
In Weisheit schufst du alles.
Herr, sei gepriesen,
denn alles hast du erschaffen.

Gebet der Ostkirche

O Gott, du hast in dieser Nacht
so väterlich für mich gewacht,
ich lob' und preise dich dafür
und dank' für alles Gute dir.

Bewahre mich auch diesen Tag
vor Sünde, Tod und jeder Plag';
und was ich denke, red' und tu,
das segne, bester Vater du.

Beschütze auch, ich bitte dich,
o heilger Engel Gottes mich.
Maria, bitt' an Gottes Thron
für mich bei Jesus, deinem Sohn,
der hochgelobt sei allezeit
von nun an bis in Ewigkeit.
Amen.

Wenn ich erwach' am frühen Morgen,
Herz Jesu, dann begrüß' ich dich,
um für des Tages Müh' und Sorgen,
dir innig zu empfehlen mich.

Auf dich, o Herz, will ich nur schauen,
du bist mein Stern, mein Trost, mein Licht!
Und mutig will ich dir vertrauen;
denn deine Treue wanket nicht.

So nimm mein Herz dir ganz zu eigen;
gib du ihm Kraft zur guten Tat.
Und sollte es zur Sünde neigen,
halt du es fest in deiner Gnad'!

Von dir soll heute nichts mich scheiden,
verbirg in deine Wunden mich!
Dort will ich beten, opfern, leiden
und sterben, wenn du willst, für dich!

In deine Liebe ich empfehle
auch alle, die mir nahesteh'n;
behüte sie an Leib und Seele,
laß keinen heute irre geh'n!

Und nun gib mir den Morgensegen,
er weihe diesen Tag mir ein,
und sei mit mir auf allen Wegen,
bis ich werd' ewig bei dir sein!
Amen.

Aus meines Herzens Grunde
sag ich dir Lob und Dank
in dieser Morgenstunde,
dazu mein Leben lang,
dir, Gott in deinem Thron,
zu Lob und Preis und Ehren
durch Christum, unsern Herren,
dein' eingebornen Sohn.

Der du mich hast aus Gnaden
in der vergangnen Nacht
vor Gfahr und allem Schaden
behütet und bewacht,
demütig bitt ich dich,
wollst mir mein Sünd vergeben,
womit in diesem Leben
ich hab erzürnet dich.

Gott will ich lassen raten,
denn er all Ding vermag.
Er segne meine Taten
an diesem neuen Tag.
Ihm hab ich heimgestellt
mein' Leib, mein Seel, mein Leben
und was er sonst gegeben;
er mach's, wie's ihm gefällt.

Nach Georg Niege (1525–1588)

Die güldene Sonne
bringt Leben und Wonne,
die Finsternis weicht.
Der Morgen sich zeiget,
die Röte aufsteiget,
der Monde verbleicht.

Nun sollen wir loben
den Höchsten dort oben,
daß er uns die Nacht
hat wollen behüten
vor Schrecken und Wüten
der höllischen Macht.

Kommt, lasset uns singen,
die Stimmen erschwingen,
zu danken dem Herrn.
Ei bittet und flehet,
daß er uns beistehet
und weiche nicht fern.

Es sei ihm gegeben
mein Leben und Schweben,
mein Gehen und Stehn.
Er gebe mir Gaben
zu meinem Vorhaben,
laß richtig mich gehn.

Philipp von Zesen (1619–1689)

Herr,
ich stehe vor Dir.

Von Dir komme ich.
Du hast mich geschaffen.
Ich bete Dich an.

Ich will leben,
um Deine Sendung zu erfüllen.
Durchdringe mich
mit Deiner Gnade.

Du hast mich geschaffen,
schaffe mich neu.
Rufe meine Kräfte
zu Deinem Dienst.

Was ich heute tue,
laß gut werden.
Gib,
daß dieser Tag Dir wohlgefalle,
auf daß Du heute abend
sprechen kannst,
wie am Abend Deiner Schöpfung:
Es ist gut.

Romano Guardini (1885–1968)

Bevor des Tages Licht
vergeht

Bevor des Tages Licht vergeht,
hör, Welterschaffer, dies Gebet,
der du so milde und so gut,
nimm gnädig uns in deine Hut!

Gib, daß kein böser Traum uns weckt,
kein nächtlich Wahnbild uns erschreckt.
Die Macht des Bösen dämme ein,
daß unser Leib stets bleibe rein.

Erhör uns, Vater, der du mild,
mit deinem Sohn und Ebenbild
und mit dem Tröster aller Zeit,
dem Geist, regierst in Ewigkeit.

Hymnus der Kirche

Ich lege mich nieder und schlafe ein,
ich wache wieder auf,
denn der Herr beschützt mich.

Ps 3,6

Freundliches Licht der heiligen Glorie
deines ewigen Vaters droben
in den seligen Himmelshöhen,
Jesu Christ!
Bei der Sonne Untergang,
da wir schauen das Abendlicht,
preisen wir den Vater, Sohn
und den göttlichen Heiligen Geist.
Dir gebührt's, daß immerdar
wir in Ehrfurcht benedeien,
Gottes Sohn, Dich, Lebensspender,
und so huldigt Dir die Welt.

Hymnus der Ostkirche

Deinen Frieden, Herr,
gib uns vom Himmel,
und dein Friede
bleibe in unseren Herzen.
Laß uns schlafen in Frieden
und wachen in dir,
auf daß wir vor keinem Grauen
der Nacht uns fürchten.
Amen.

Abt Alkuin († 804)

O du, meine Ruhe, mein Leben und meine Rettung, möchte ich doch dich allein suchen, von nichts mich leiten lassen als nur von dir und dir unzertrennlich anhangen! Denn was brauche ich außer dir und welches Gut gibt es für mich ohne dich? Wann werde ich dich schauen, mein ewiges Licht und meine Erleuchtung? Wann werde ich bei dir sein, mein Friede und meine Erquickung? Wann wird diese Welt für mich schweigen und ihre Veränderlichkeit vorüber sein, o meine Zuflucht und Freude und Sehnsucht?

Petrus Canisius (1521–1597)

Ich glaub' an Gott in aller Not,
auf Gott all' Hoffnung baue,
ich liebe Gott bis in den Tod,
auf diese Lieb' ich traue.
An dich glaub' ich,
auf dich hoff' ich,
Gott, von Herzen lieb' ich dich.

(Duderstadt 1724)

In Frieden leg' ich mich nieder
und schlafe ein;
denn du allein, Herr,
läßt mich sorglos ruhen.

Ps 4,9

Bevor ich mich zur Ruh begeb,
zu dir, o Gott, mein Herz ich heb
und sage Dank für jede Gabe,
die ich von dir empfangen habe.

Und hab ich heut mißfallen dir,
so bitt ich dich, verzeih es mir.
Dann schließ ich froh die Augen zu;
es wacht ein Engel, wenn ich ruh.

Maria, liebste Mutter mein,
o laß mich dir empfohlen sein.
Dein Kreuz, o Jesus, schütze mich
vor allem Bösen gnädiglich;
in deine Wunden schließ mich ein,
dann schlaf ich sicher, keusch und rein.
Amen.

Den letzten Gruß der Abendstunde
send' ich zu dir, o göttlich Herz!
In deine heil'ge Liebeswunde,
senk' ich des Tages Freud' und Schmerz.

O Herz der Liebe, dir vertraute
am Morgen ich des Tages Last,
und nicht umsonst ich auf dich baute,
voll Huld du mich gesegnet hast.

O habe Dank für deine Güte,
die schützend mir zur Seite stand,
auch diese Nacht mich treu behüte
durch deines heil'gen Engels Hand.

O göttlich Herz, all meine Sünden
bereue ich aus Lieb' zu dir;
o lasse mich Verzeihung finden;
schenk' deine Lieb' aufs neue mir!

Herz Jesu, innig ich empfehle
auch alle meine Lieben dir,
beschütze sie an Leib und Seele,
die Gutes je erwiesen mir.

In deiner heil'gen Herzenswunde
schlaf ich nun sanft und ruhig ein,
o laß sie in der letzten Stunde,
mir eine Himmelspforte sein! Amen.

Abends, wenn ich schlafen geh',
vierzehn Engel bei mir stehn:
zwei zu meiner Rechten,
zwei zu meiner Linken,
zwei zu meinen Häupten,
zwei zu meinen Füßen,
zweie, die mich decken,
zweie, die mich wecken,
zweie, die mich weisen
zu den himmlischen Paradeisen.

Nun wollen wir singen das Abendlied
und beten, daß Gott uns behüt.

Es weinen viel Augen wohl jegliche Nacht,
bis morgen die Sonne erwacht.

Es wandeln viel Sterne am Himmelsrund
und sagt ihnen Fahrweg und Stund'!

Daß Gott uns behüt, bis die Nacht vergeht,
kommt, singet das Abendlied!

(19. Jahrhundert)

Müde bin ich, geh' zur Ruh',
schließe beide Augen zu.
Vater, laß die Augen dein
über meinem Bette sein.
Hab' ich Unrecht heut getan,
sieh es, lieber Gott, nicht an.
Deine Gnad' und Jesu Blut
machen allen Schaden gut.

Alle, die mir sind verwandt,
Gott, laß ruhn in deiner Hand!
Alle Menschen, groß und klein,
sollen dir befohlen sein.
Kranken Herzen sende Ruh',
nasse Augen schließe zu.
Laß den Mond am Himmel stehn
und die stille Welt besehn.
Amen.

Jesus,
an dich glaub' ich, bis ich dich sehe.
Auf dich hoff' ich,
bis ich daheim bei dir bin.
Dich liebe ich, bis ich dein Angesicht schaue
und im Schauen dich ewig liebe.

Johann Michael Sailer (1751–1832)

Nun ruhen alle Wälder,
Vieh, Menschen, Städt und Felder,
es schläft die ganze Welt;
ihr aber, meine Sinnen,
auf, auf, ihr sollt beginnen,
was eurem Schöpfer wohlgefällt.

Wo bist du, Sonne, blieben?
Die Nacht hat dich vertrieben,
die Nacht, des Tages Feind.
Fahr hin; ein andre Sonne,
mein Jesus, meine Wonne,
gar hell in meinem Herzen scheint.

Der Tag ist nun vergangen,
die güldnen Sternlein prangen
am blauen Himmelssaal;
also werd ich auch stehen,
wann mich wird heißen gehen
mein Gott aus diesem Jammertal.

Auch euch, ihr meine Lieben,
soll heute nicht betrüben
kein Unfall noch Gefahr.
Gott laß euch selig schlafen,
stell euch die güldnen Waffen
ums Bett und seiner Engel Schar.

Paul Gerhardt (1607–1676)

In dieser Nacht sei du mir Schirm und Wacht;
o Gott, durch deine Macht
wollst mich bewahren
vor Sünd und Leid, vor Satans List und Neid.
Hilf mir im letzten Streit, in Todsgefahren.

O Jesu mein, die heilgen Wunden dein
mir sollen Ruhstatt sein für meine Seele.
In dieser Ruh schließ mir die Augen zu;
den Leib und alles Gut ich dir befehle.

O große Frau, Maria, auf mich schau;
mein Herz ich dir vertrau in meinem Schlafen.
Auch schütze mich, Sankt Josef, väterlich.
Schutzengel, streit für mich
mit deinen Waffen.

(Köln 1727)

Ich geb aus meinen Händen
mein Los in deine Hand.
Du mögest, Herr, es wenden
mit göttlichem Verstand!
Du weißt, was nie ich wußte,
was mir ist nutz und gut.
Nur sicher vor Verluste
bin ich in deiner Hut.

Friedrich Rückert (1788–1866)

Der Mond ist aufgegangen,
die goldnen Sternlein prangen
am Himmel hell und klar.
Der Wald steht schwarz und schweiget,
und aus den Wiesen steiget
der weiße Nebel wunderbar.

Wie ist die Welt so stille
und in der Dämmrung Hülle
so traulich und so hold
als eine stille Kammer,
wo ihr des Tages Jammer
verschlafen und vergessen sollt.

Seht ihr den Mond dort stehen?
Er ist nur halb zu sehen
und ist doch rund und schön.
So sind wohl manche Sachen,
die wir getrost belachen,
weil unsre Augen sie nicht sehn.

So legt euch denn, ihr Brüder,
in Gottes Namen nieder;
kalt ist der Abendhauch.
Verschon uns, Gott, mit Strafen
und laß uns ruhig schlafen.
Und unsern kranken Nachbarn auch!

Matthias Claudius (1740–1815)

Ich will dich rühmen, mein Gott und König,
und deinen Namen preisen immer und ewig;

ich will dich preisen Tag für Tag
und deinen Namen loben immer und ewig.

Groß ist der Herr und hoch zu loben,
seine Größe ist unerforschlich.

Der Herr ist gnädig und barmherzig,
langmütig und reich an Gnade.

Der Herr ist gütig zu allen,
sein Erbarmen waltet über all seinen Werken.

Der Herr ist treu in all seinen Worten,
voll Huld in all seinen Taten.

Der Herr ist allen, die ihn anrufen, nahe,
allen, die zu ihm aufrichtig rufen.

Mein Mund verkünde das Lob des Herrn.
Alles, was lebt,
preise seinen heiligen Namen
immer und ewig.

Ehre sei dem Vater und dem Sohn
und dem Heiligen Geist,
wie im Anfang, so auch jetzt und alle Zeit
und in Ewigkeit. Amen.

Aus Psalm 145

Wir sind nur Gast auf Erden

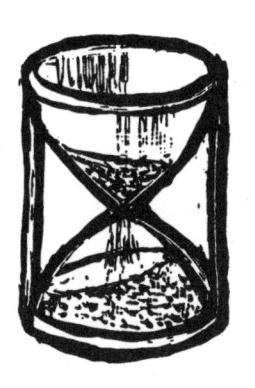

Wir sind nur Gast auf Erden
und wandern ohne Ruh
mit mancherlei Beschwerden
der ewigen Heimat zu.

Die Wege sind verlassen,
und oft sind wir allein.
In diesen grauen Gassen
will niemand bei uns sein.

Nur einer gibt Geleite,
das ist der liebe Christ;
er wandert treu zur Seite,
wenn alles uns vergißt.

Gar manche Wege führen
aus dieser Welt hinaus.
O, daß wir nicht verlieren
den Weg zum Vaterhaus!

Und sind wir einmal müde,
dann stell ein Licht uns aus,
o Gott, in deiner Güte,
dann finden wir nach Haus.

Georg Thurmair (1935)

Nun läßt du, Herr, deinen Knecht,
wie du gesagt hast, in Frieden scheiden.
Denn meine Augen haben das Heil gesehen,
das du vor allen Völkern bereitet hast,
ein Licht, das die Heiden erleuchtet,
und Herrlichkeit für dein Volk Israel.

Lk 2,29–32

Seele Christi, heilige mich.
Leib Christi, rette mich.
Blut Christi, tränke mich.
Wasser der Seite Christi, wasche mich.
Leiden Christi, stärke mich.
O guter Jesus, erhöre mich.
Birg in deinen Wunden mich.
Von dir laß nimmer scheiden mich.
Vor dem bösen Feind beschütze mich.
In meiner Todesstunde rufe mich,
zu dir zu kommen heiße mich,
mit deinen Heiligen zu loben dich
in deinem Reiche ewiglich.
Amen.

Ignatius von Loyola (1491–1556)

Mitten wir im Leben sind
mit dem Tod umfangen.
Wer ist, der uns Hilfe bringt,
daß wir Gnad erlangen?
Das bist du, Herr, alleine.
Uns reuet unsre Missetat,
die dich, Herr, erzürnet hat.
Heiliger Herre Gott,
heiliger starker Gott,
heiliger barmherziger Heiland,
du ewiger Gott,
laß uns nicht versinken
in des bittern Todes Not.
Kyrieleison.

Martin Luther (1483–1546)

Jesu, dir leb ich!
Jesu, dir sterb ich!
Jesu, dein bin ich
im Leben und im Tod!

O sei uns gnädig,
sei uns barmherzig!
Führ uns, o Jesu,
in deine Seligkeit!

(Liegnitz 1828)

Im Frieden dein, o Herre mein,
laß ziehn mich meine Straßen.
Wie mir dein Mund gegeben kund,
schenkst Gnad du ohne Maßen,
hast mein Gesicht das selge Licht,
den Heiland, schauen lassen.

Mir armem Gast bereitet hast
das reiche Mahl der Gnaden.
Das Lebensbrot stillt Hungers Not,
heilt meiner Seele Schaden.
Ob solchem Gut jauchzt Sinn und Mut
mit alln, die du geladen.

O Herr, verleih, daß Lieb und Treu,
in dir uns all verbinden,
daß Hand und Mund zu jeder Stund
dein Freundlichkeit verkünden,
bis nach der Zeit den Platz bereit
an deinem Tisch wir finden.

Friedrich Spitta (1852–1924)

Christus der ist mein Leben,
Sterben ist mein Gewinn;
dem tu ich mich ergeben,
mit Fried fahr ich dahin.

Mit Freud fahr ich von dannen
zu Christ, dem Bruder mein,
auf daß ich zu ihm komme
und ewig bei ihm sei.

Wenn meine Kräfte brechen,
mein Atem geht schwer aus
und kann kein Wort mehr sprechen:
Herr, nimm mein Seufzen auf.

Wenn mein Herz und Gedanken
zergehn als wie ein Licht,
das hin und her tut wanken,
wenn ihm die Flamm gebricht.

Alsdann fein sanft und stille,
Herr, laß mich schlafen ein
nach deinem Rat und Willen,
wann kommt mein Stündelein.

An dir laß gleich den Reben
mich bleiben allezeit
und ewig bei dir leben
in Himmelswonn und -freud.

O Haupt voll Blut und Wunden,
voll Schmerz und voller Hohn,
o Haupt, zum Spott gebunden
mit einer Dornenkron,
o Haupt, sonst schön gekrönet
mit höchster Ehr und Zier,
jetzt aber frech verhöhnet:
gegrüßet seist du mir.

Ich danke dir von Herzen,
o Jesu, liebster Freund,
für deines Todes Schmerzen,
da du's so gut gemeint.
Ach gib, daß ich mich halte
zu dir und deiner Treu
und, wenn ich einst erkalte,
in dir mein Ende sei.

Wenn ich einmal soll scheiden,
so scheide nicht von mir.
Wenn ich den Tod soll leiden,
so tritt du dann herfür.
Wenn mir am allerbängsten
wird um das Herze sein,
so reiß mich aus den Ängsten
kraft deiner Angst und Pein.

Paul Gerhardt (1607–1676)

Jesu, Jesu, komm zu mir!
O, wie sehn ich mich nach dir!
Meiner Seele bester Freund,
wann werd ich mit dir vereint?

Tausendmal begehr ich dein,
Leben ohne dich ist Pein.
Tausendmal ruf ich zu dir:
O Herr Jesu, komm zu mir!

Keine Lust ist in der Welt,
die mein Herz zufrieden stellt;
deine Liebe, Herr, allein
kann mein ganzes Herz erfreun.

Darum sehn ich mich nach dir,
eile, Jesu, komm zu mir;
nimm mein ganzes Herz für dich,
und besitz es ewiglich!

Ach, o Herr, ich bin nicht rein,
daß du kehrest bei mir ein.
Nur ein Wort aus deinem Mund,
und die Seele ist gesund.

Komm, o Jesu, komm geschwind,
mache mich zu Gottes Kind!
Meine Seel bewahre dir,
ewig, ewig bleib bei mir!

Nach Angelus Silesius (1624–1677)

So nimm denn meine Hände
und führe mich
bis an mein selig Ende
und ewiglich.
Ich mag allein nicht gehen,
nicht einen Schritt:
Wo du wirst gehn und stehen,
da nimm mich mit.

In dein Erbarmen hülle
mein schwaches Herz
und mach es gänzlich stille
in Freud und Schmerz.
Laß ruhn zu deinen Füßen
dein armes Kind:
es will die Augen schließen
und glauben blind.

Wenn ich auch gleich nichts fühle
von deiner Macht,
du führst mich doch zum Ziele
auch durch die Nacht:
so nimm denn meine Hände
und führe mich
bis an mein selig Ende
und ewiglich!

Julie Hausmann (1862)

Schenke uns deine Hilfe, Herr,
in all unseren Unsicherheiten deine Führung,
in all unseren Gefahren deinen Schutz
und in all unserem Leid deinen Frieden,
durch Jesus Christus, unseren Herrn.
Amen.

Augustinus (354–430)

Komm, Herr Jesus, komm zur Erde
und erfülle dein Gericht,
daß die Zeit beendet werde
und die Ewigkeit anbricht!
Sprich dein Urteil voll Erbarmen,
richte in Barmherzigkeit,
rette uns mit starken Armen
in die lichte Ewigkeit!

Komm, Herr Jesus, komm zur Erde
und erlöse uns vom Tod,
daß dies Leben ewig werde
und befreit von jeder Not!
Nimm uns all in deine Hände,
unser Leben bist nur du,
du bist unser Trost am Ende,
führe uns dem Himmel zu!

Georg Thurmair (1939)

Verzeichnis der Grundgebete

Ehre sei dem Vater	10
Ehre sei Gott in der Höhe	32
Engel des Herrn	49
Freu dich, du Himmelskönigin	50
Gegrüßet seist du, Maria	48
Gebet des Simeon (Nunc dimittis)	87
Glaubensbekenntnis	10
Großer Gott, wir loben dich (Te deum)	16
Heilig, heilig, heilig (Sanctus)	34
Lobgesang des Zacharias (Benedictus)	33
Lobgesang Mariens (Magnificat)	47
Segen des Aaron	11
Vater unser	40

Quellenverzeichnis

Seite 24: aus: Dietrich Bonhoeffer, Von guten Mächten. Gebete und Gedichte, © Chr. Kaiser/Gütersloher Verlagshaus, Gütersloh.
Seite 30: aus: „Kirchenlied I", Christophorus-Verlag, Freiburg i. Br.
Seite 60: aus: „Kirchenlied II", Christophorus-Verlag, Freiburg i. Br.
Seite 72: aus: Romano Guardini, Briefe über Selbstbildung, Matthias-Grünewald-Verlag, Mainz 4. Tb.-Aufl. 1993. Alle Autorenrechte bei der Kath. Akademie in Bayern, München.
Seite 86: aus: „Kirchenlied I", Christophorus-Verlag, Freiburg i. Br.
Seite 94: aus: „Kirchenlied II", Christophorus-Verlag, Freiburg i. Br.

Die Bibelzitate wurden entnommen der Einheitsübersetzung der Heiligen Schrift
© Katholische Bibelanstalt, Stuttgart 1980.